Warnung! Dieses Buch enthält weder einen hochwertigen
Inhalt noch wirklich Sinnvolles. Es sind nur in Worten
und Bildern dargestellte Gedanken zum Thema Kunst. Die
Texte sind knapp, bewusst reduziert um so der Fantasie
mehr freien Raum zu lassen.

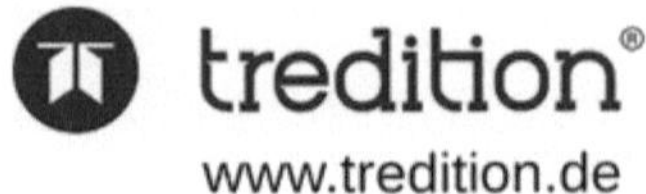

Erhard Kaupp

Ab wann ist „Kunst" Kunst?

Ist das schon Kunst, oder kann das noch weg?
Oder:
Ist das noch Kunst, oder kann das schon weg?

Vorwort

Kaum ein Begriff scheint mir dehnbarer zu sein wie das Wort Kunst. Ab wann ist Kunst eigentlich Kunst? Es scheint, das herauszufinden ist allein schon eine Kunst. Ist Kunst etwas, was dem einen Auge gefällt obwohl es vom anderen als hässlich bezeichnet wird? Warum ist etwas Provokantes Kunst, was dem Ottonormal-Menschen (wie ich es bin) zu einem Kopfschütteln verleitet und andere zu Jubelstürmen hinreißt. Wieso kann einfaches Gekritzel auf Papier schon Kunst sein, während ein fotografisches Landschaftsporträt von Fachleuten mit Kitsch abgestempelt wird. Nur weil ein berühmter Name darunter steht? Wo geht Kunst los und wo fängt Müll an? Ab wann wird aus Abfallprodukten Kunst?
Mein Auge freut sich über alles Schöne was die Natur und der Mensch täglich produziert. Ich besuche Ausstellungen und Vernissagen, lese gerne über das, was anderen Menschen erlebt haben und schaue mir die Fotos dazu an. Auf Ausstellungen freut sich mein Auge über die von Menschenhand erschaffenen fantasiereichen Darstellungen bestimmter Dinge. Ich komme ins Grübeln, setz mich in eine Ecke und sinniere in mich hinein. Ist es etwa schon Kunst, wenn fremde Menschen mit ihrem fantasievollen Tun in mir etwas auslösen? Das könnte für mich eine Antwort sein. Allerdings eine erschöpfende Antwort darauf zu finden scheint mir unmöglich. Weshalb ich meine Gedanken dazu in ein paar Worten und Bildern in diesem „Bilderbuch für Erwachsene" festgehalten habe.
Gehen Sie nun mit mir. Mit auf eine nicht ganz ernstgemeinte Spurensuche zur Klärung meiner Frage:
Ab wann ist „Kunst" Kunst?

Der Autor

Gestatten Sie, mein Name ist Dummy.

Kunst Dummy.

Ich bin auf der Suche nach Antwort auf meine Frage:

„Ab wann ist Kunst eigentlich Kunst"

oder besser gefragt:

„Was überhaupt ist Kunst?"

Sind ein paar Striche schon **Kunst**?

Wer Bilder von berühmten Malern kennt sagt ja.

Wer mein Bild anschaut – sagt nein!

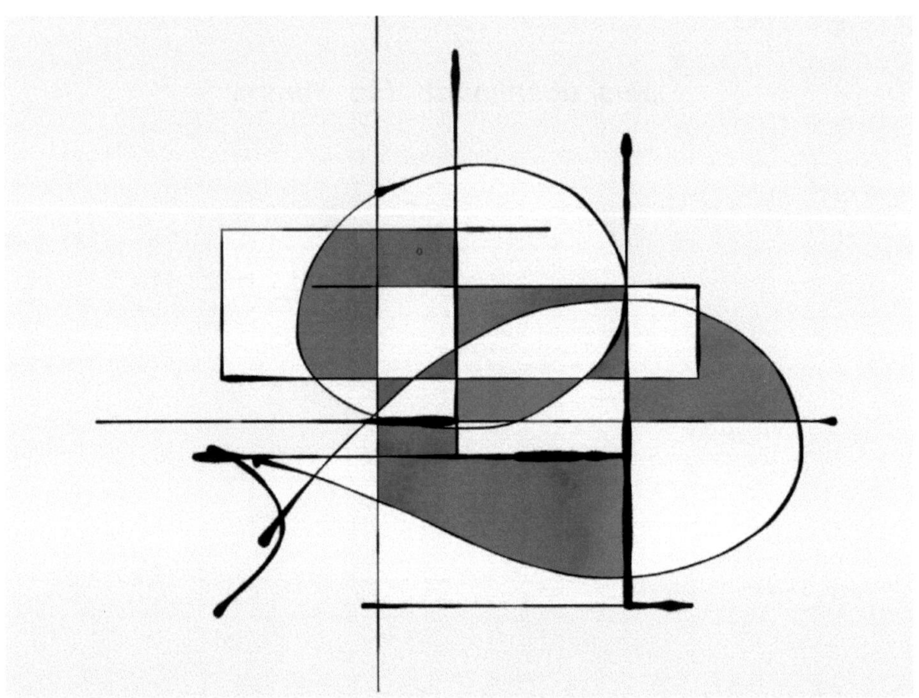

„Aquarium"

Darf ich mich vorstellen?

Am besten mach ich das mit Tinte auf Papier.

Papier ist so schön geduldig!

Ist das schon **Kunst**?

Oder kann das weg?

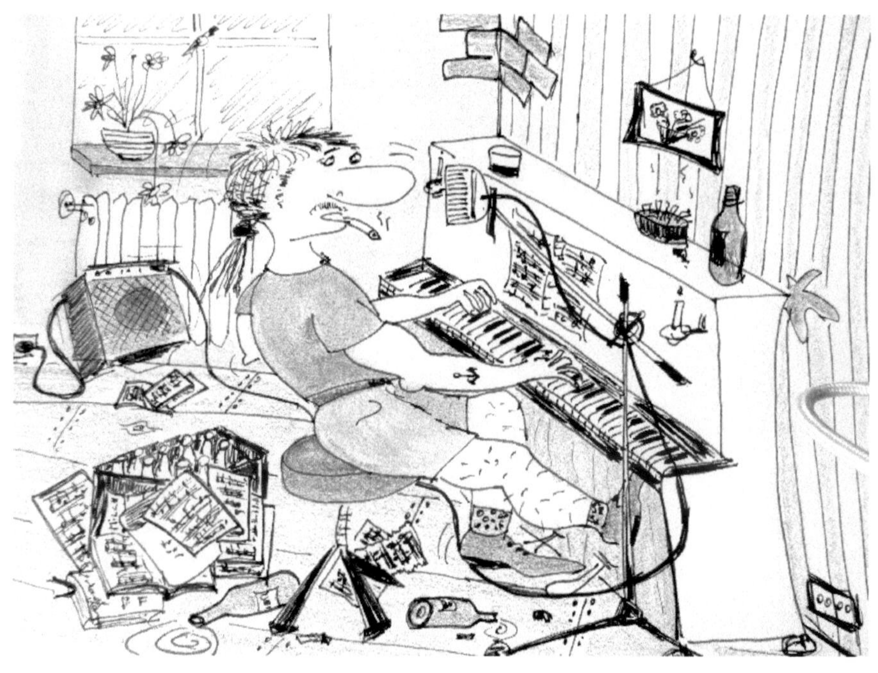

„Selbstporträt"

Er ist ein ganz normaler Durchschnittstyp.

Verheiratet und geht einer geregelten Arbeit nach.

Es fehlt ihm an nichts.

Trotzdem hat er Träume.

Davon, ein echter Erfolgstyp zu sein.

Normal zu sein, scheint keine **Kunst**.

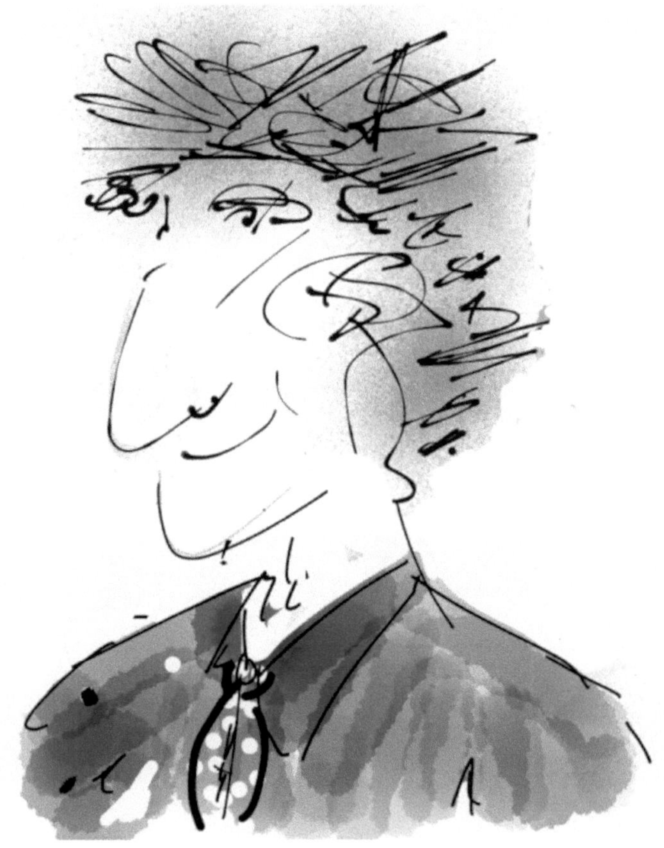

„Mann von Welt"

Mit der Fliege einen Fisch zu fangen ist **Kunst.**
Fängt der Fisch eine Fliege – wen interessiert es?

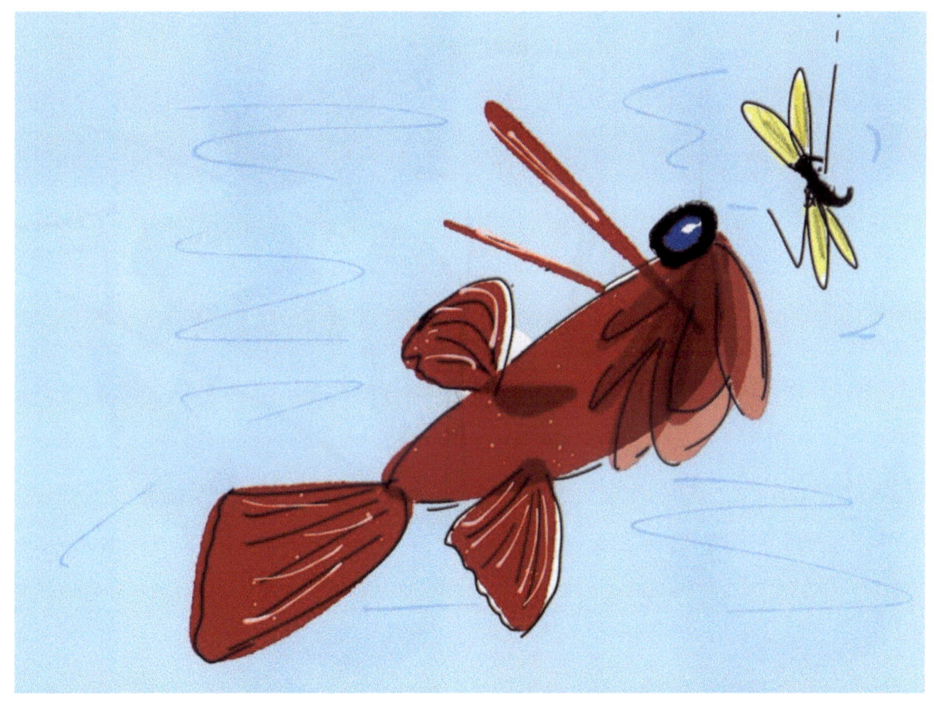

„Fliegenfischer"

Diese junge Dame singt eine Arie von Puccini.

Sie tut nichts Anderes.

Sie hat das so gelernt.

Das ist eine **Kunst.**

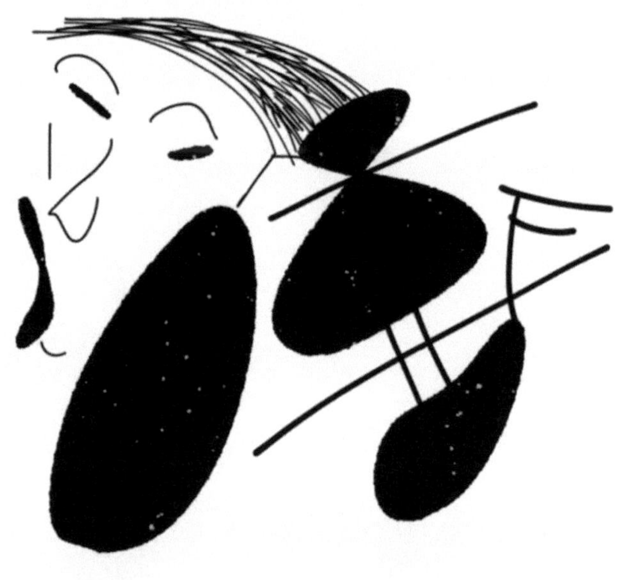

„Operndiva"

Obwohl, im Ensemble ist sie die schlechteste Sängerin.

Das ist Otto.

Er arbeitet bei der Müllabfuhr.

Er ist immer pünktlich und zuverlässig.

Er ist der beste Mitarbeiter in der Firma.

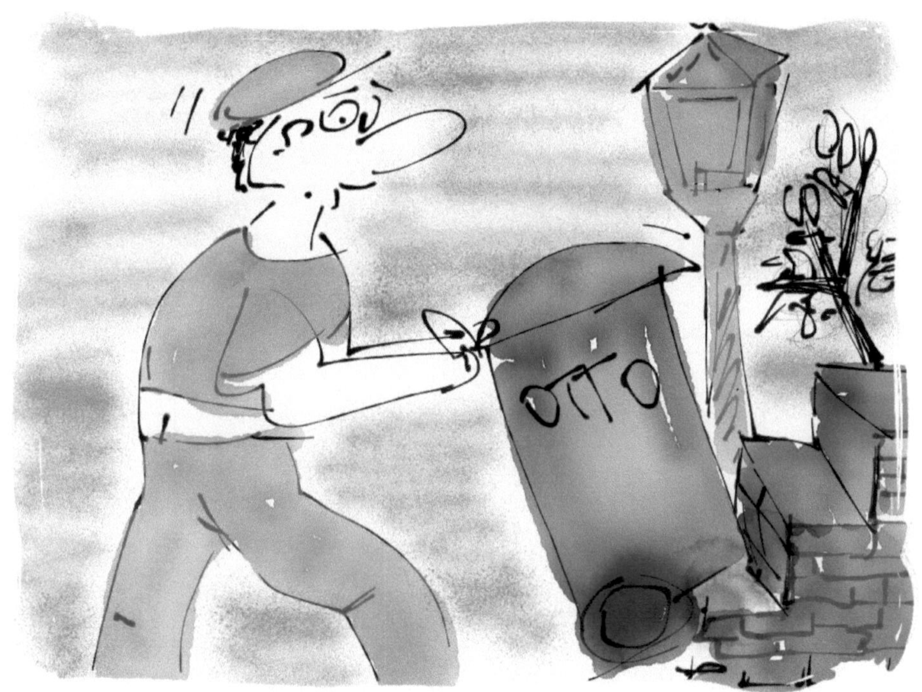

„Otto"

Das zählt nicht als **Kunst**.

Aufgeräumte Formen und klare Strukturen.
Striche zu zeichnen ist keine **Kunst**.

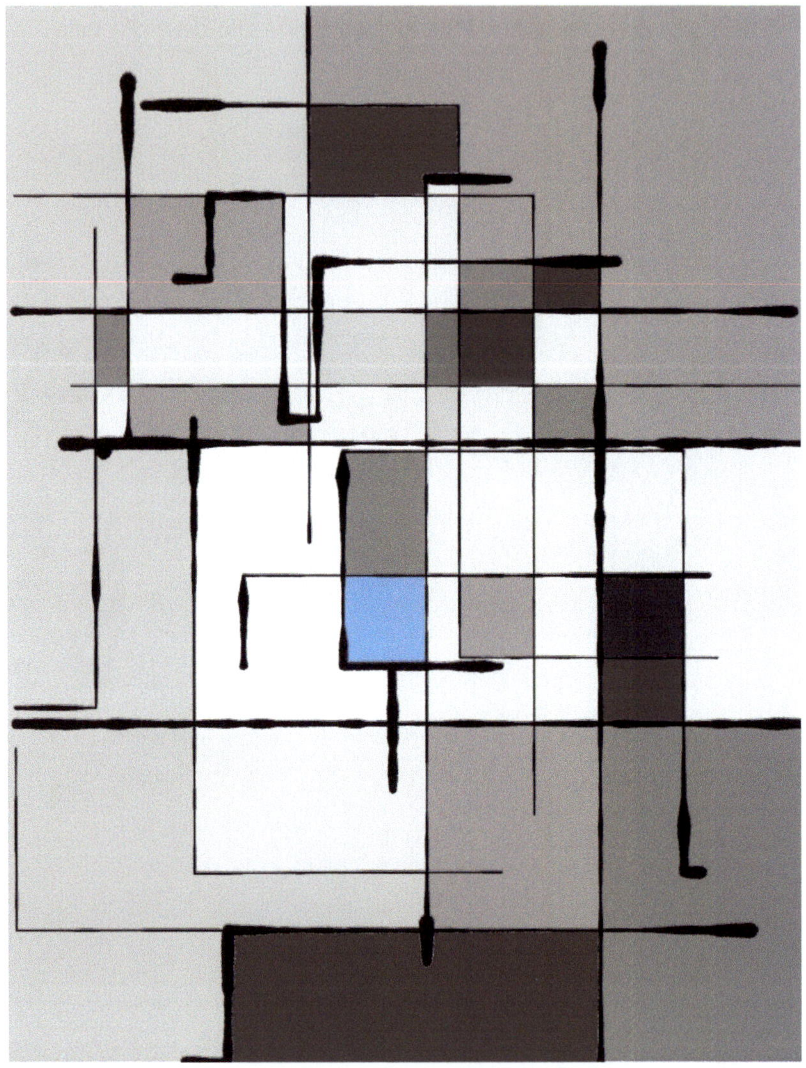

„Blaues Feld"

Ein Bild mit Strichen zu verkaufen.
Wäre das die **Kunst**?

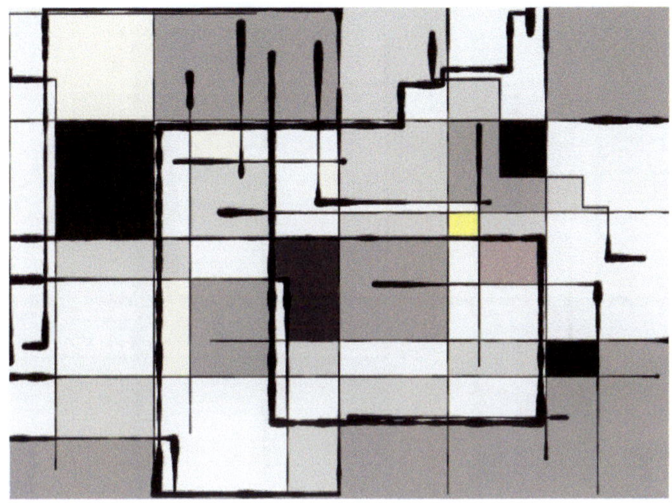

„Gelbes Feld"

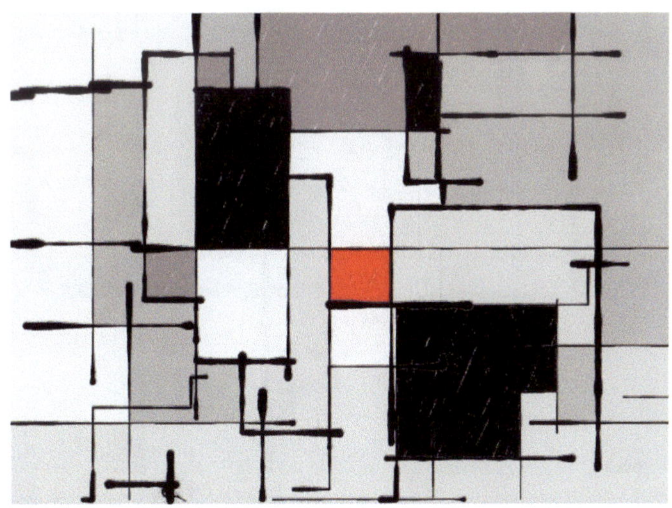

„Rotes Feld"

Ich sehe darin ein Treppenhaus zum Fahrstuhl.
Das müsste doch **Kunst** sein.

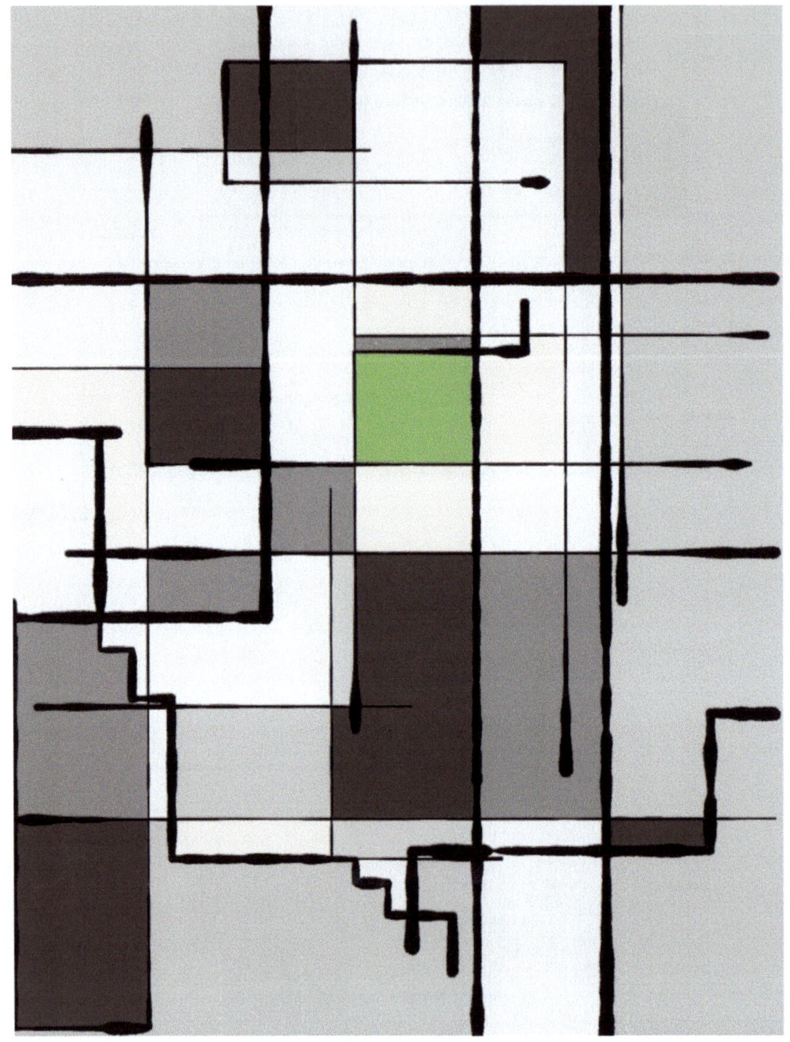

„Das Treppenhaus zum Lift"

Heimat ist etwas Gewöhnliches. Man hat sie jeden Tag vor Augen. Außergewöhnlich wird sie durch bewusste Darstellung. Ist das die **Kunst**?

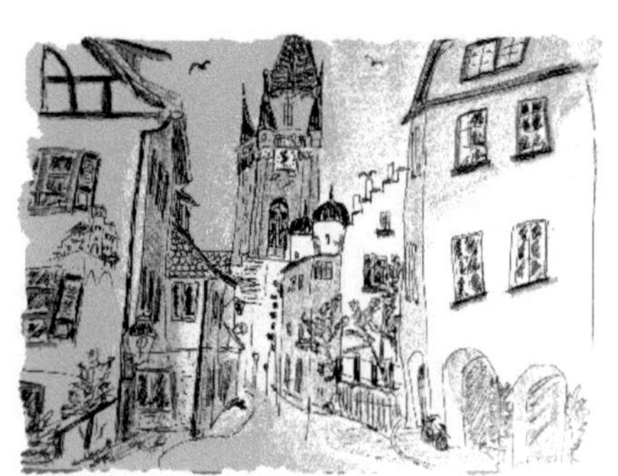

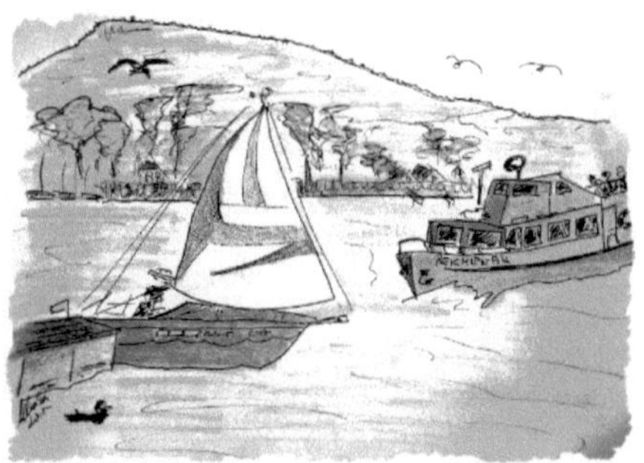

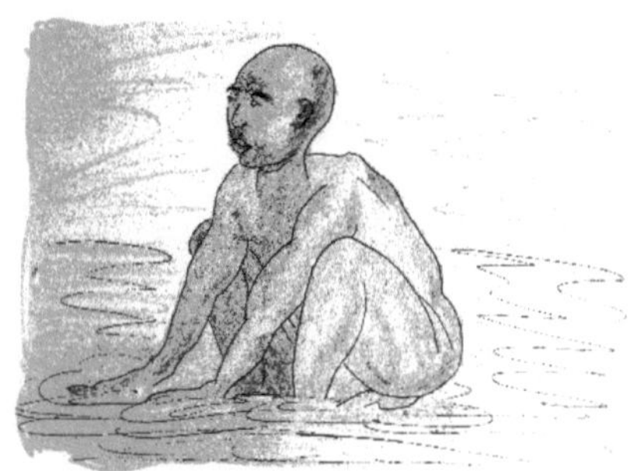

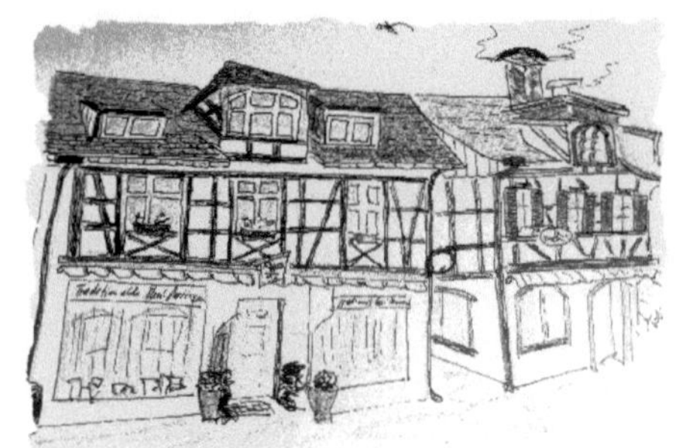

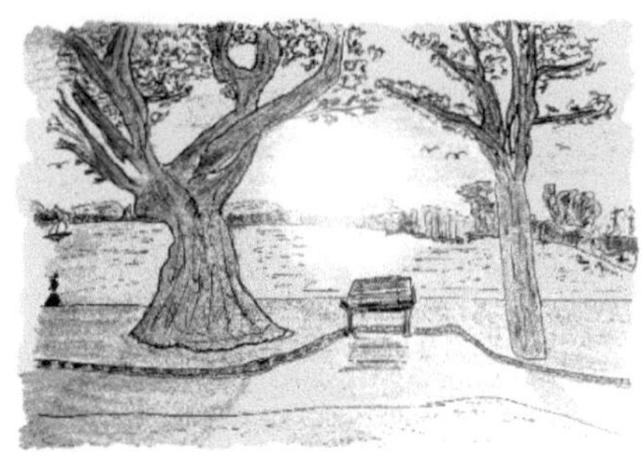

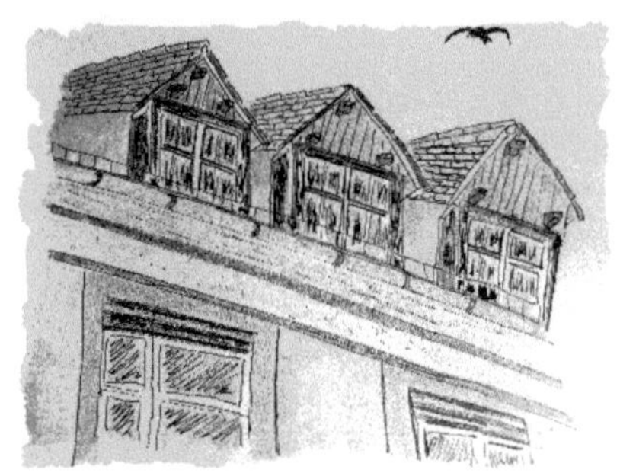

„Radolfzell" Skizzen einer Stadt"

Weglassen durch Reduzierung auf das Wesentliche.

Das ist eine **Kunst**.

Mein Versuch, es auf den Punkt zu bringen.

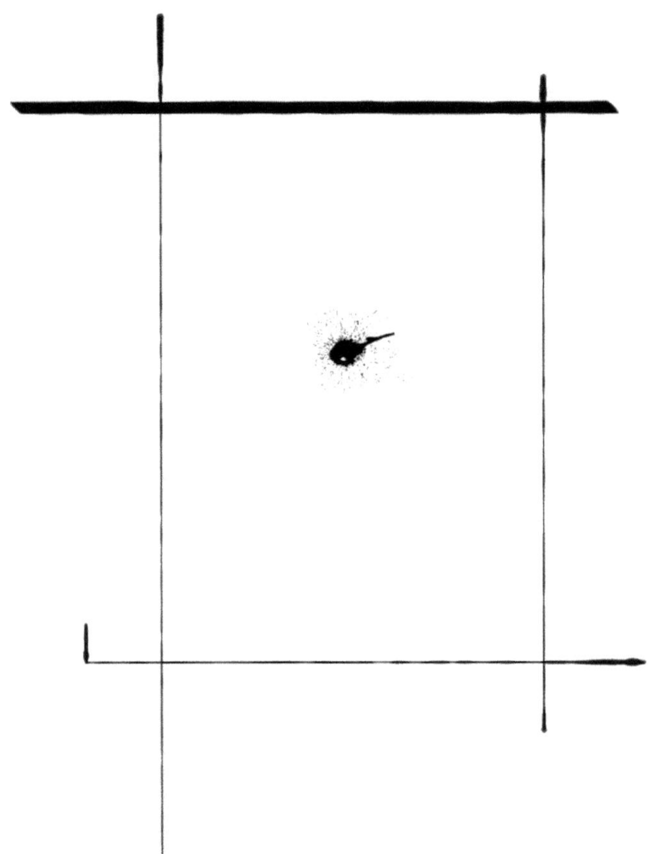

„Auf den Punkt gebracht"

Das alte Fahrrad ist nur noch Schrott.

Bis jemand kommt und es zu **Kunst** verarbeitet.

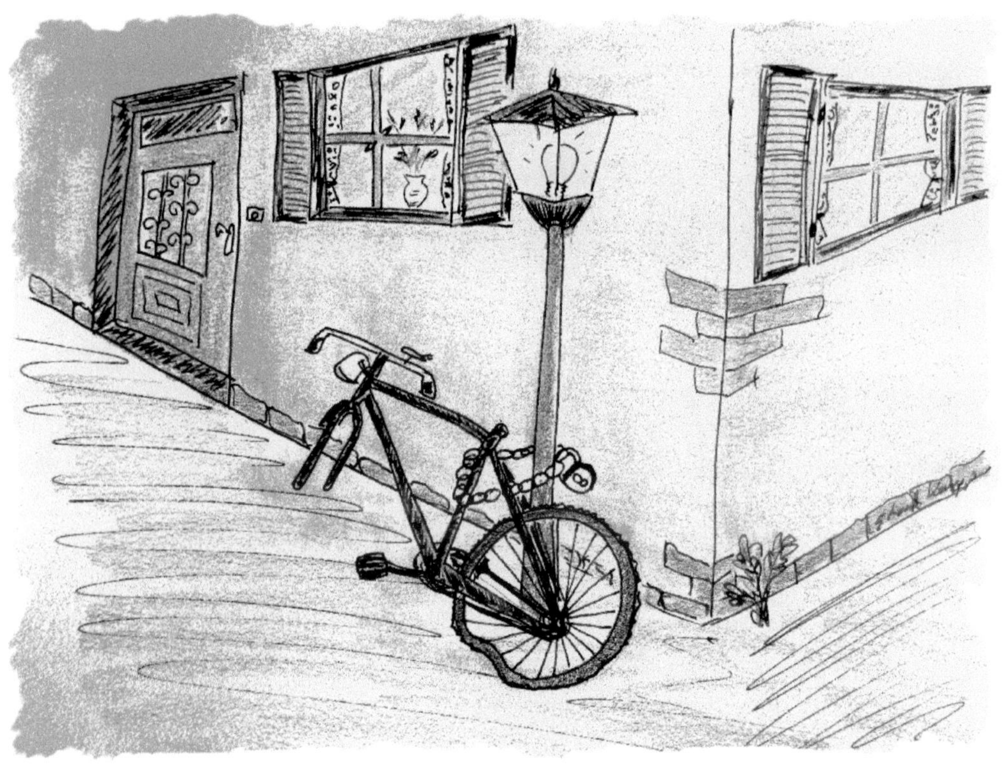

„Ausgedient"

Die Struktur eines Oliven Baumes ist natürlich
gewachsene **Kunst** - so lange dieser lebt.
Des Malers Ansicht davon ist auch **Kunst.** Nur –
im wahrscheinlichsten Falle erst nach seinem Ableben.

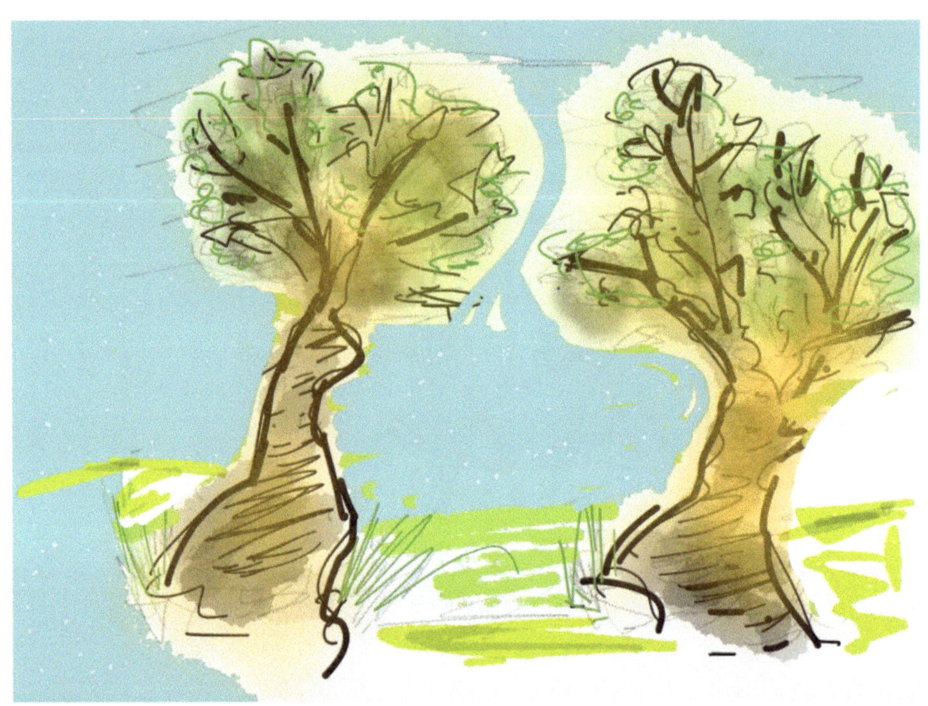

„Olivenhain auf Mallorca"

Die Darstellung

eines kleinen Fischerhafens ist keine **Kunst.**

Dabei die Wärme des Mittelmeeres zu spüren schon!

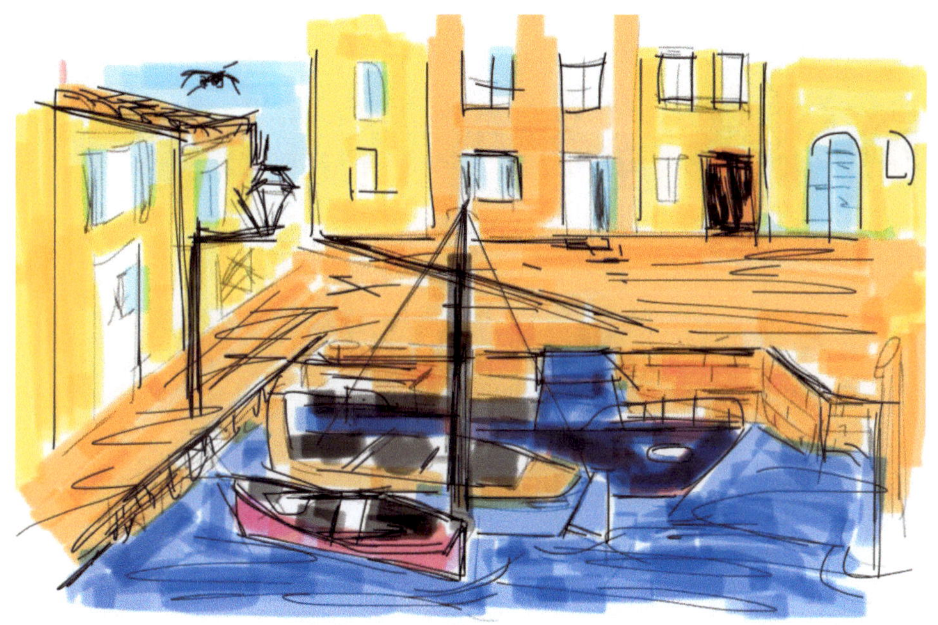

„Kleiner Hafen"

Dunkle Geschäfte erledigt man nachts.
Die **Kunst** dabei ist nicht erwischt zu werden.

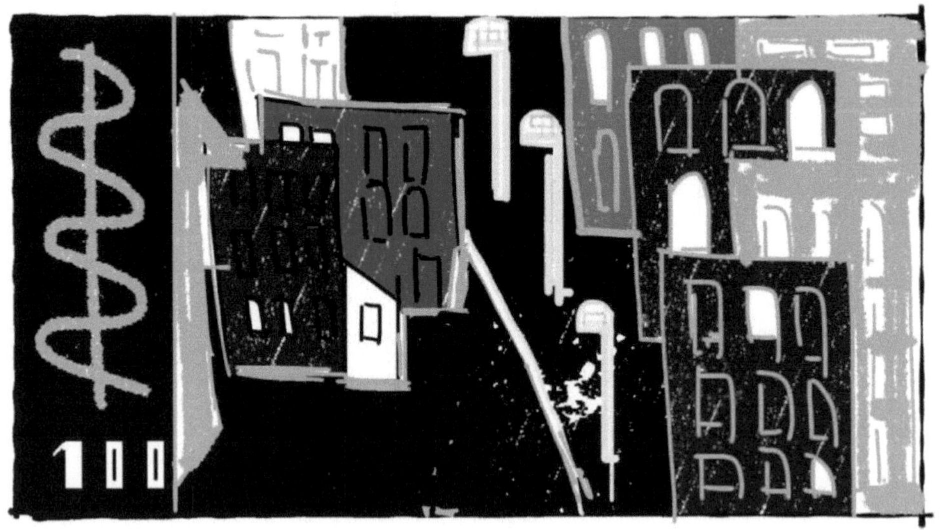

„Schwarzgeld"

Der Pilot sieht die Landepiste vor sich.
Die **Kunst** ist nicht das Runterkommen.

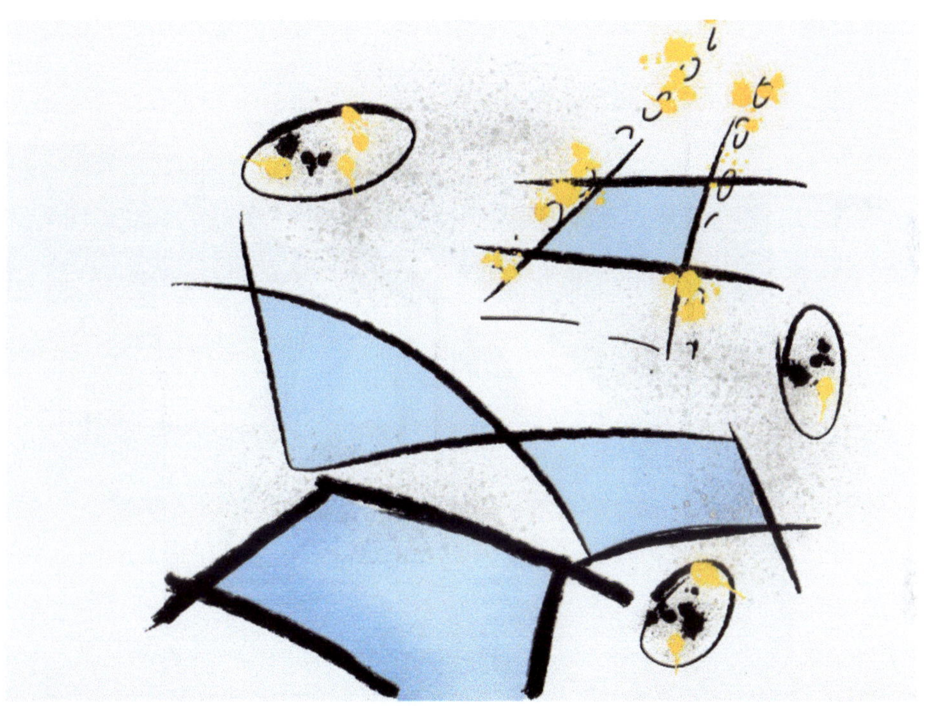

„Der perfekte Landeanflug"

Ein Segelboot bei Nacht zu navigieren.
Für jemanden der es nie gelernt hat eine **Kunst.**

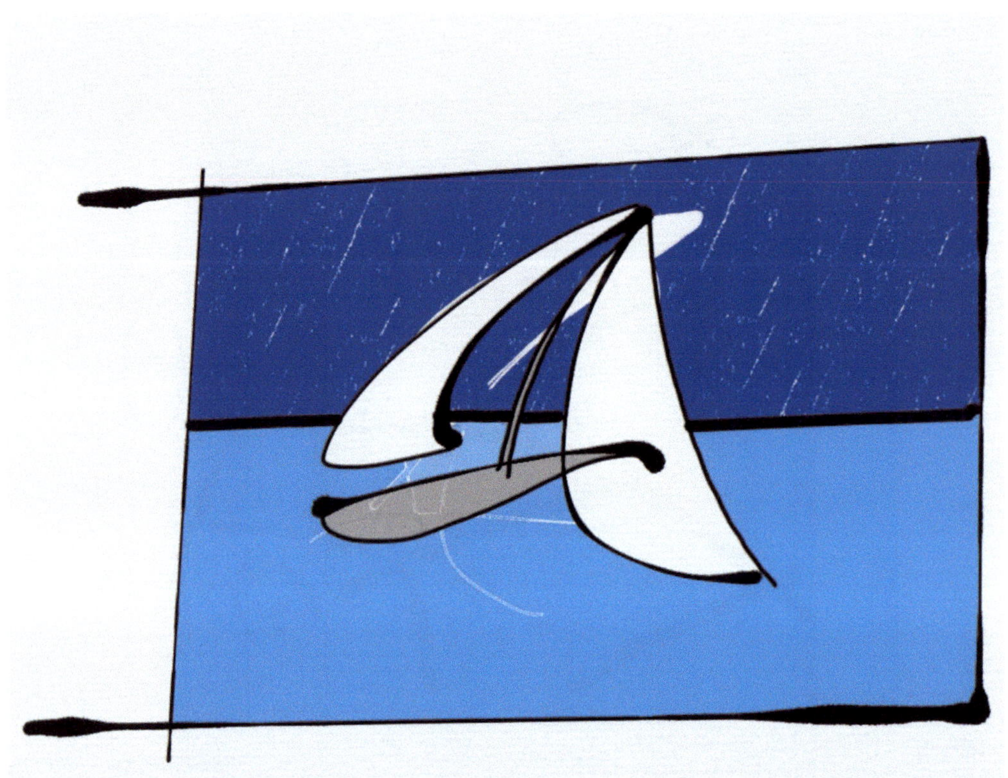

„Segeln unterm Sternenhimmel"

Urlaubserinnerungen ins perfekte Licht gesetzt.

Mit der Kamera ist das **Kunst**.

(M)eine Skizze wird immer nur eine Skizze bleiben.

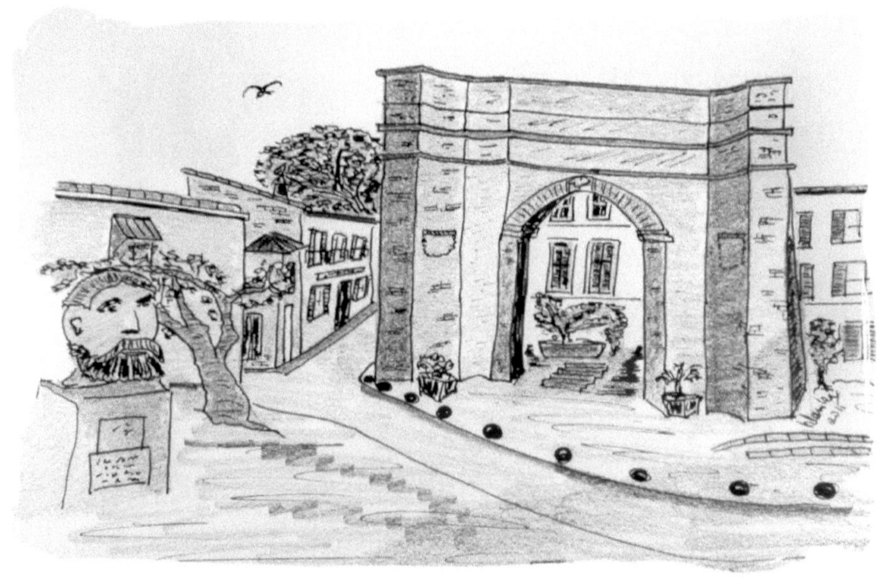

„Tor nach Arles" in Istres - Südfrankreich

Der nackte Körper in der Werbung ist sexistisch.
Erst durch Verstümmelung wird er zur **Kunst**.

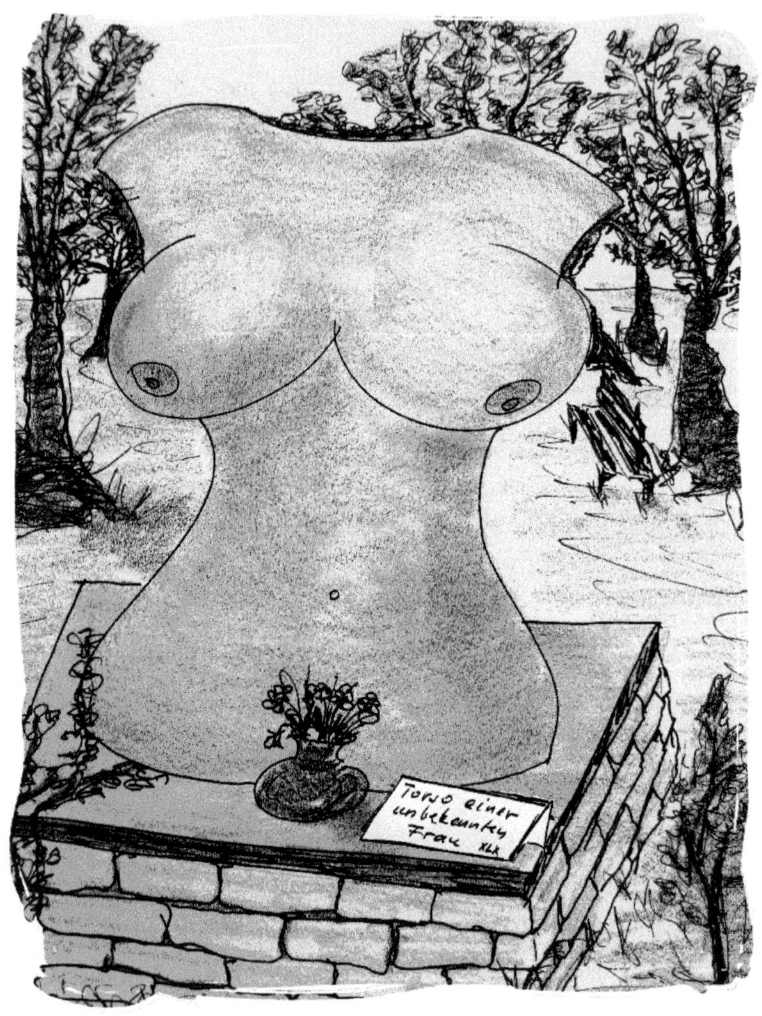

„Festgemauert"

Auch Pünktlichkeit scheint eine **Kunst** zu sein.

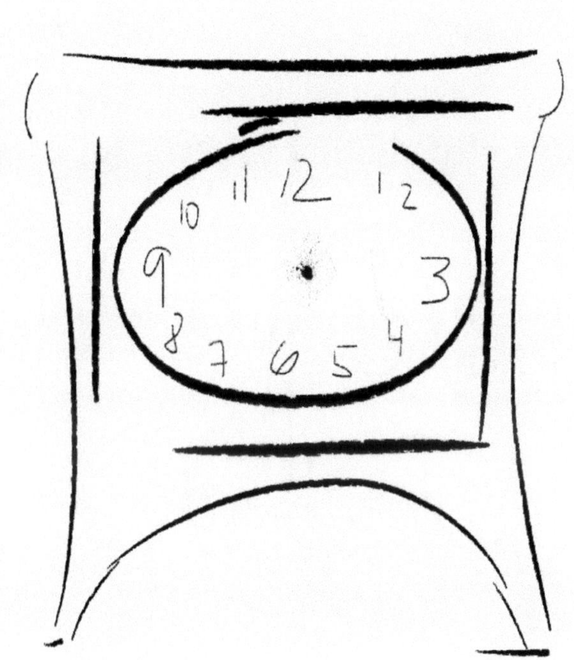

„Zeitloses Design"

Ein Schiff im Wasser still zu halten ist unmöglich.
Nicht in der **Kunst**.

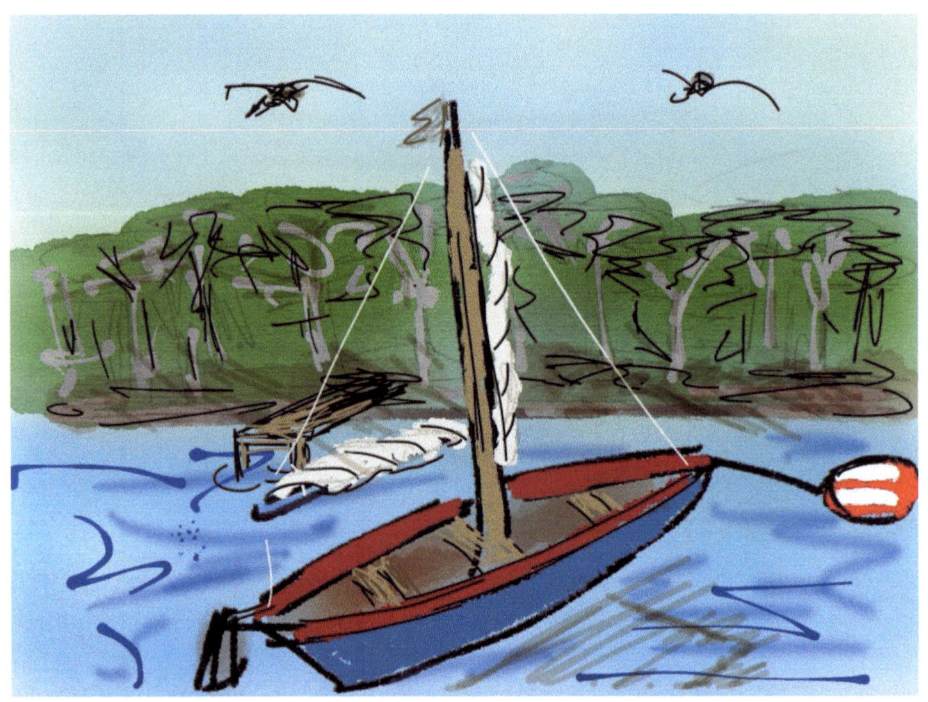

„Festgemacht"

Bewegung im Bild darzustellen scheint eine **Kunst**.
Segeln mit falsch gesetzten Segeln aber auch.

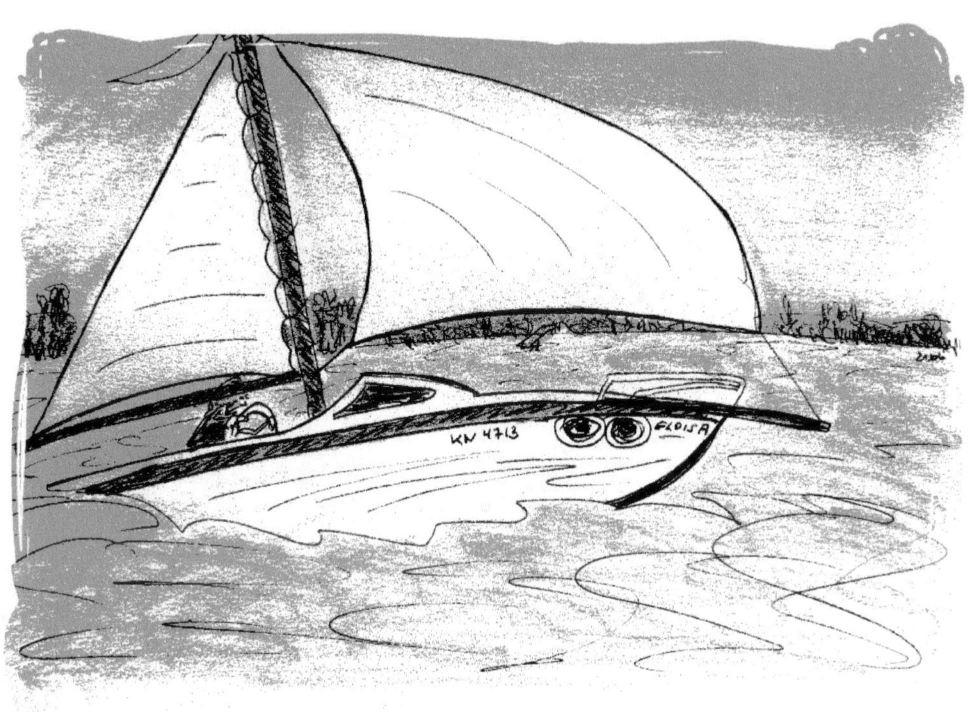

„Gegen den Strich"

Nicht alles zu verstehen was man sieht.
Das scheint **Kunst** zu sein.

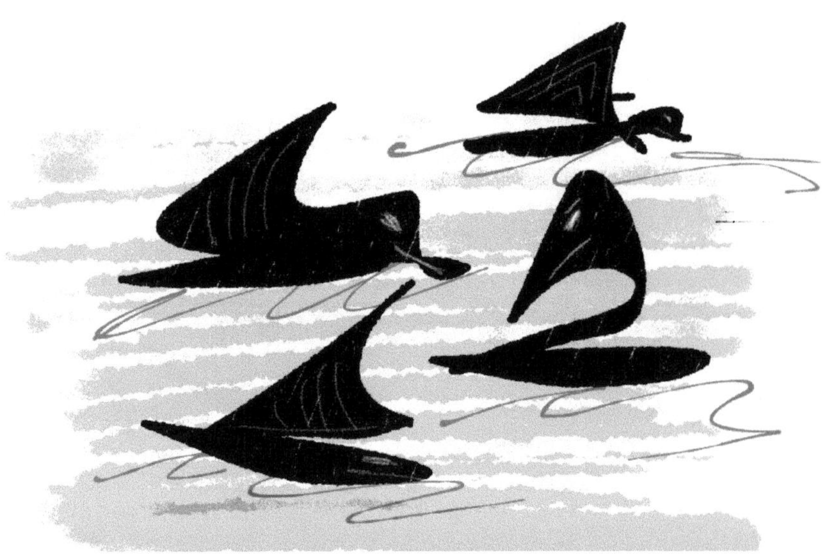

„Schwimmendes Quartett"

Ich spiele mit dem Smartphone und setze Begriffe in bunte Bilder um. Das ist keine **Kunst**.

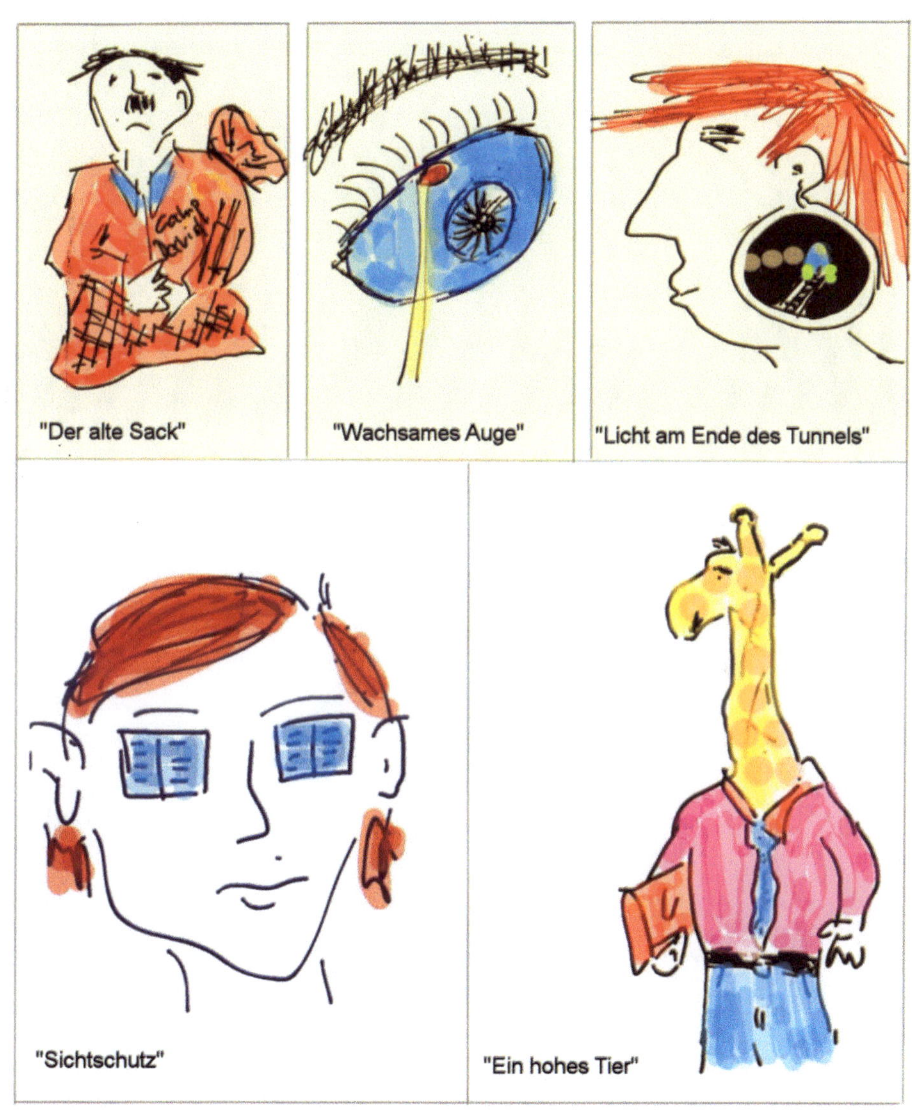

Sand zu fotografieren ist keine **Kunst**.
Was die Natur geschaffen hat schon.

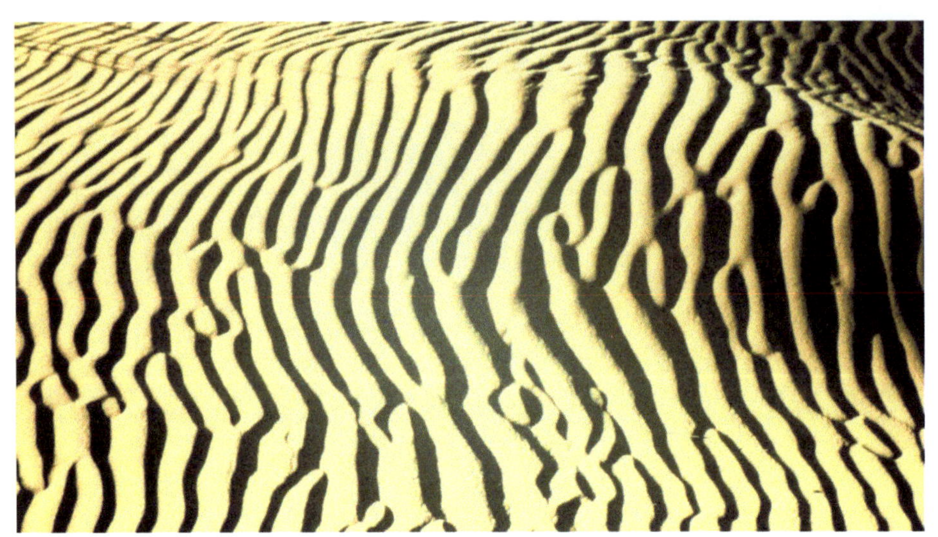

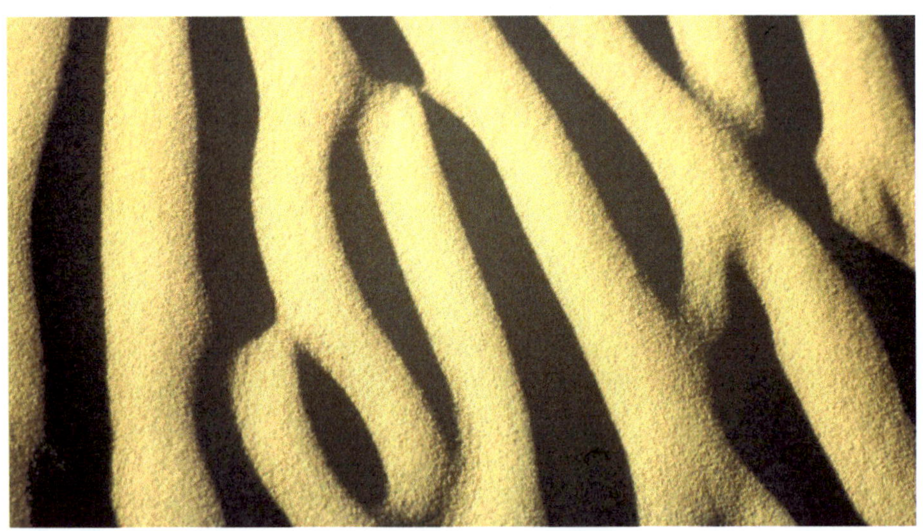

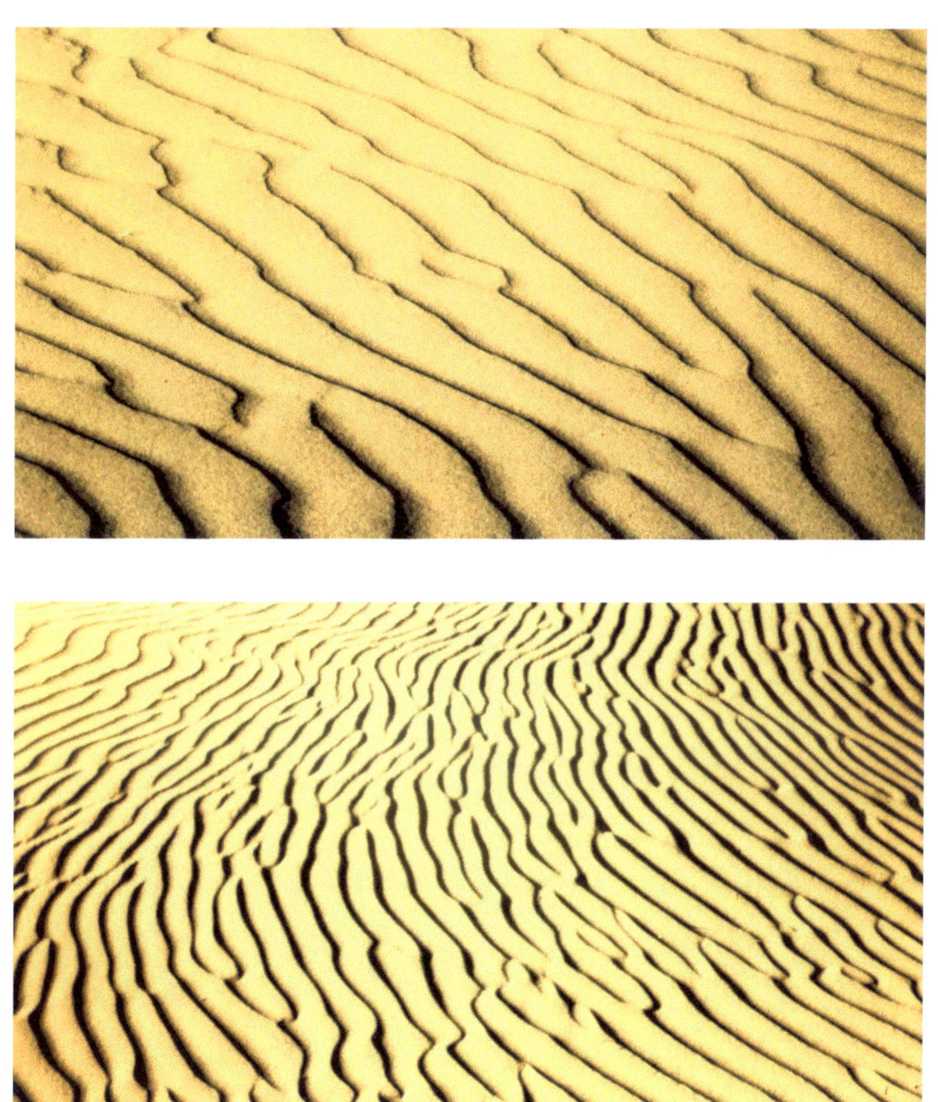

„Dünen von Sossusvlei – Namibia"

Gedankenlose Kohlestriche ergeben ein Bild.

Könnte **Kunst** sein.

Vorausgesetzt, der Zeichner ist prominent.

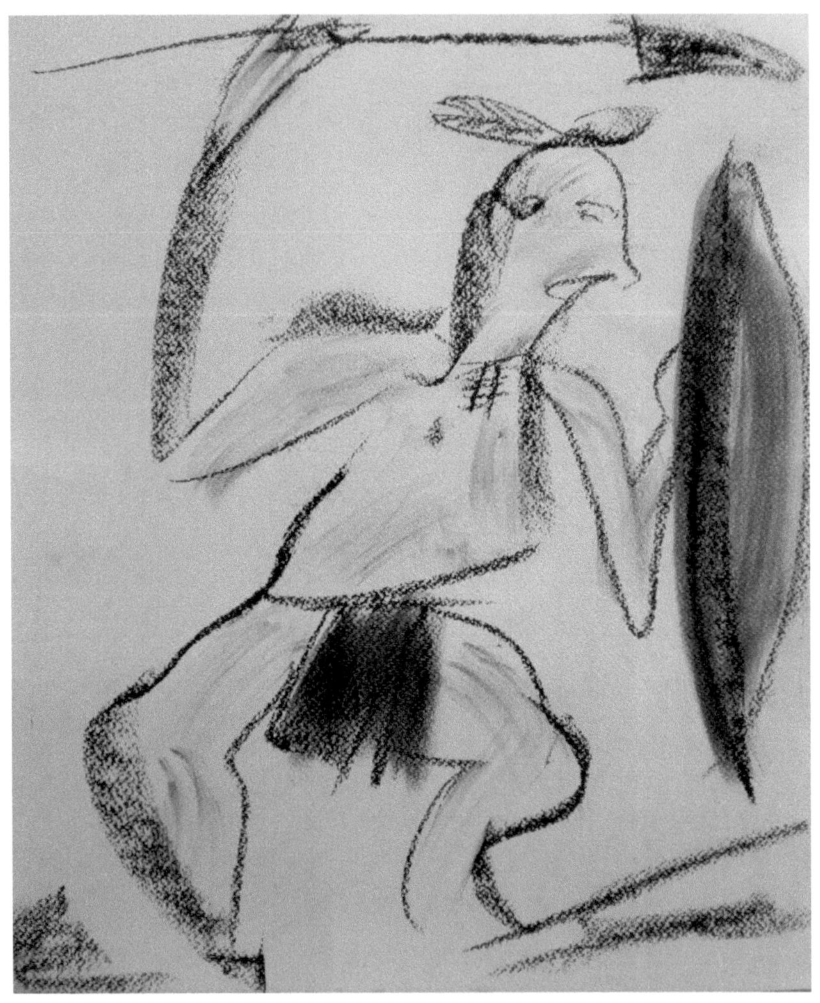

„Der mit dem Speer tanzt"

Mit der Biene stirbt auch der Mensch.
Die **Kunst** bleibt. Nur für wen?

„Bienensterben"

Kleider für den Verkauf aufzuhängen ist keine **Kunst**.

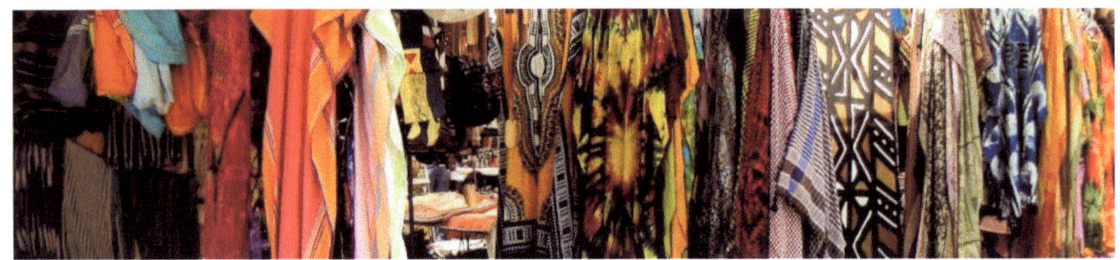

„Markt in Kapstadt"

Einen Baum zu fotografieren ist keine **Kunst**.

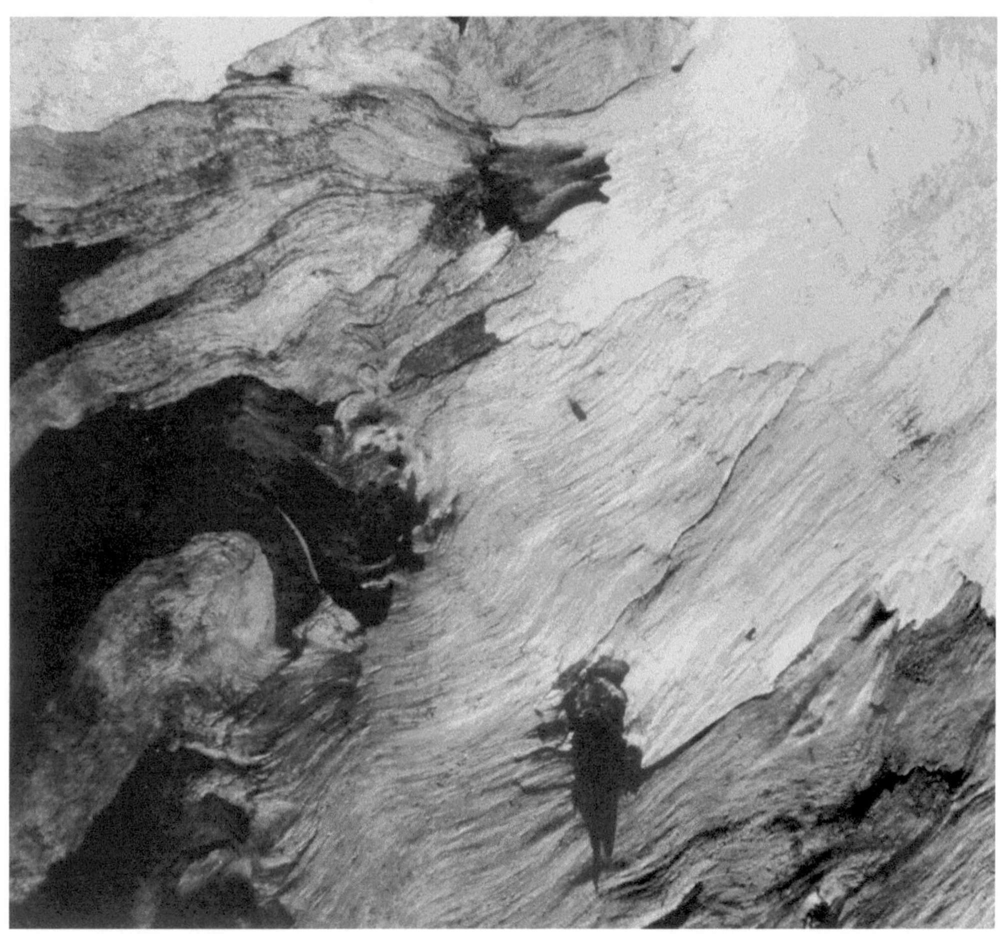

„Der beschwerliche Weg nach Hause"

Geld regiert die Welt.

Diese damit auf den Kopf zu stellen scheint keine **Kunst**.

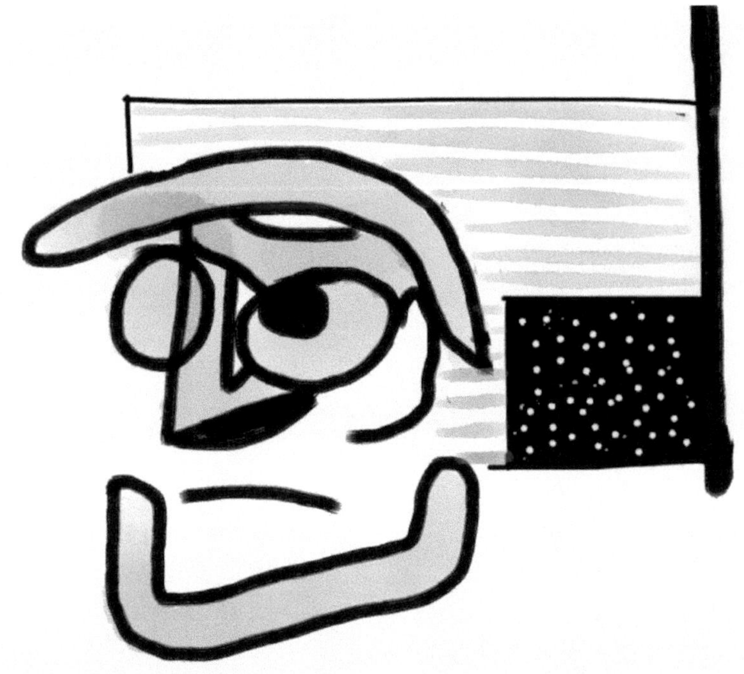

„Der Präsident"

In Afrika ausgegraben wäre das historische **Kunst**.
Vielleicht sollte ich es für die Nachwelt verbuddeln.

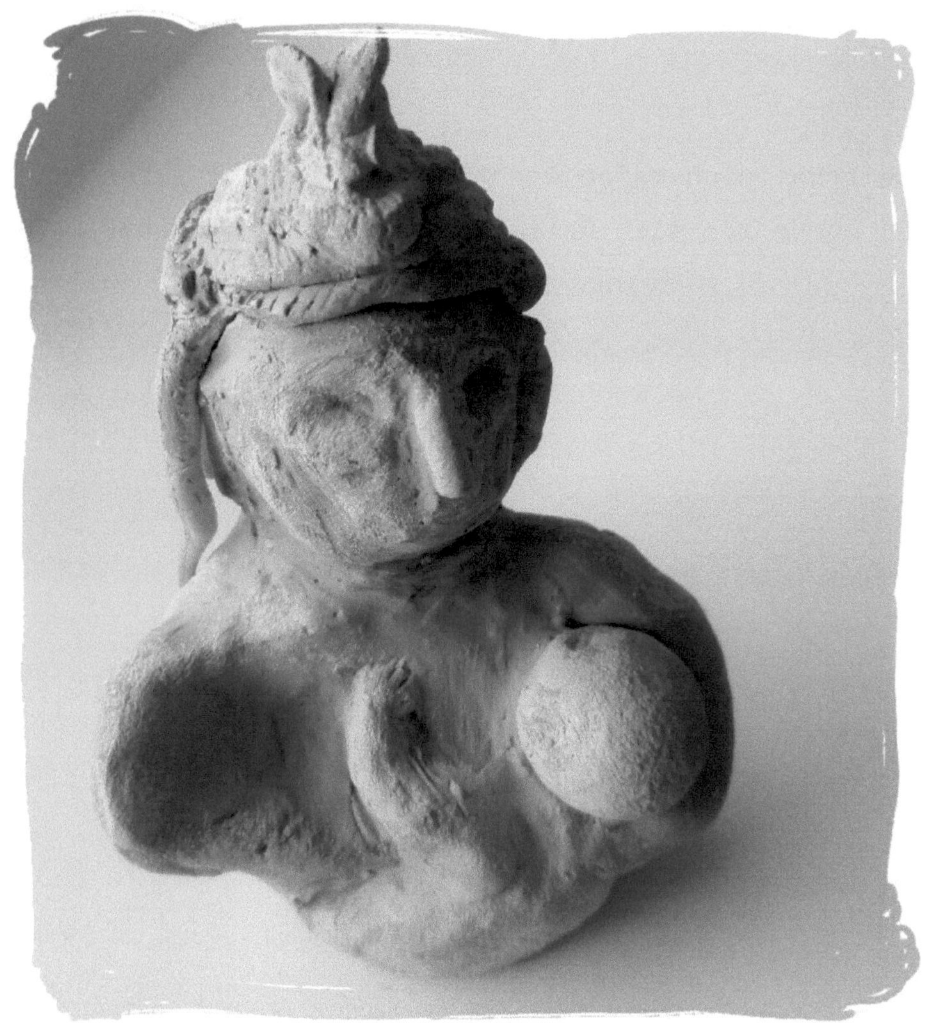

„Die Stillende"

Weit hat mich meine Recherche noch nicht gebracht.
So werde ich mich weiter auf die Suche begeben und
meiner Frage nachgehen.

Ab wann ist „Kunst" Kunst?

Jetzt habe ich es. Vielleicht ist es eine **Kunst**

sich selbst zu fotografieren?

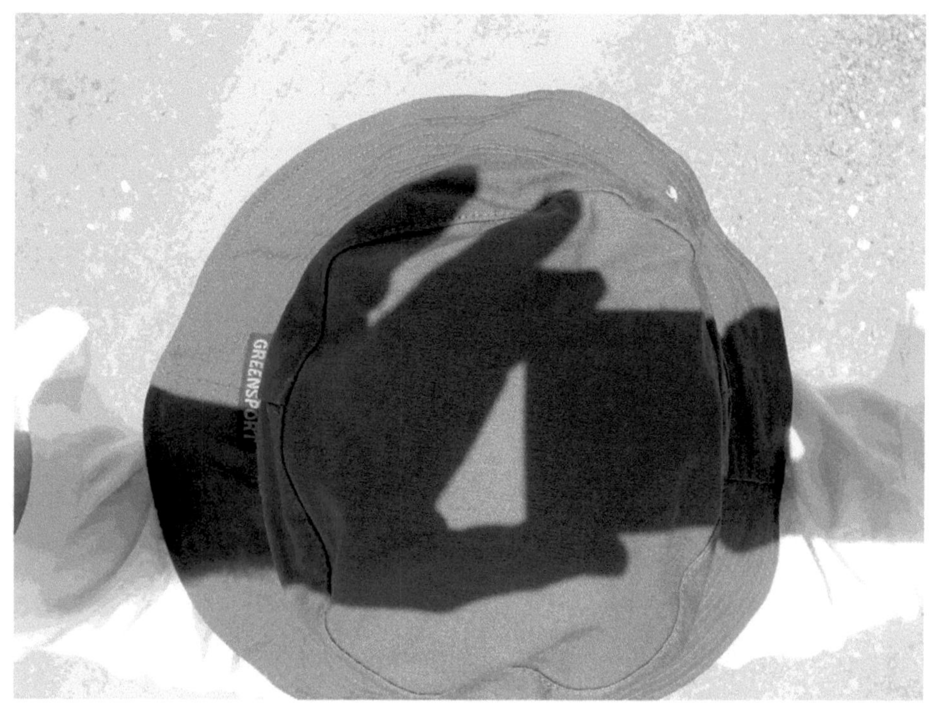

„Selfie"

Oder doch nicht? Egal – ich gebe auf!

Dort zu leben, wo andere ihren Urlaub verbringen, nämlich am Bodensee. Und das Leben im Alltag hat so seine Tücken.

„Hauptsache es sind viele Boote drin - nur: Wo machen all die Schiffer hin?"

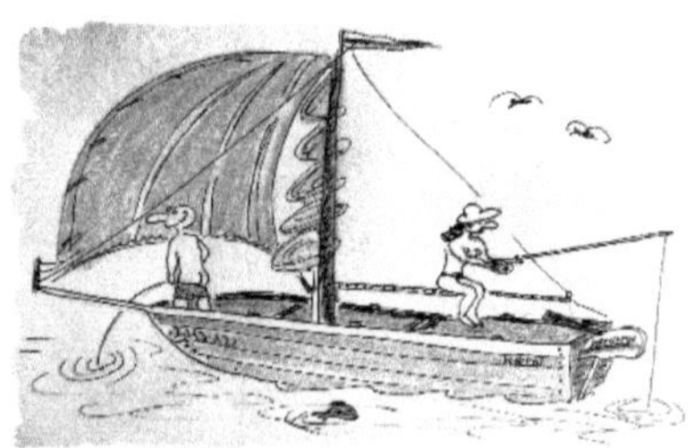

Eine zwangsläufige Frage, die sich die Menschen stellen, die an einem See wohnen. Die Antwort darauf findet sich in diesem Taschenbuch neben vielen anderen humorvollen Kurzgeschichten aus dem Alltag. Über die „symbadischen" Anwohner und ihre Umgebung am Schwäbischen Meer. Geschichten, die sich eigentlich überall in der Welt genauso zutragen könnten.

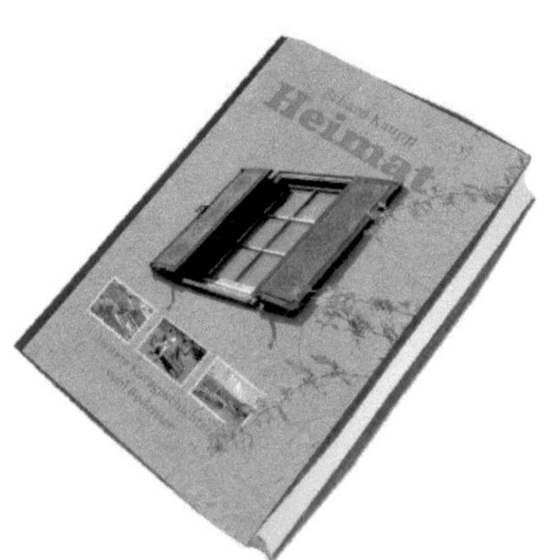

Erhältlich bei Verlag: tredition GmbH, Hamburg

www.tredition.de

ISBN

978-3-7345-3886-5   (Paperback)
978-3-7345-3887-2   (Hardcover)
978-3-7345-3910-7   (e-Book)

Eine feste Anstellung und eine tolle Familie hinter mir. Ich habe es geschafft und stehe mit beiden Beinen fest im Leben. Dieser Meinung war ich so lange, bis mir eines Tages völlig unerwartet mein Körper unmissverständlich zu verstehen gab: "Stopp - bis hier her und nicht weiter!"

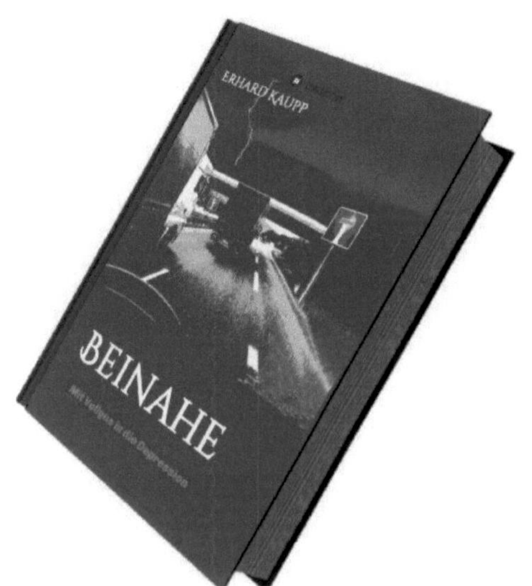

Eine autobiographische Erzählung, wie Stress am Arbeitsplatz ganz plötzlich in die Welt der Depression entführen kann. Dass man einem ernsten Thema wie diesem auch humorvoll entgegentreten kann, zeigt der Autor im hinteren Teil dieses Taschenbuches mit einer Geschichte über seine Kur in einer psychosomatischen Klinik.

„Nackt und bloßgestellt"

Erhältlich bei: Verlag tredition GmbH, Hamburg
www.tredition.de

ISBN
978-3-7439-3064-3   (Paperback)
978-3-7439-3065-0   (Hardcover)
978-3-7439-3066-7   (e-Book)

Der kleine Stephan ist ein Schlingel im besten Lausbuben Alter. Eigentlich sollte er wie immer am Montagmorgen zur Schule gehen. Eigentlich – nur heute hatte er einfach keine Lust dazu. So hat er sich etwas ganz Besonderes einfallen lassen. So dachte er zumindest!

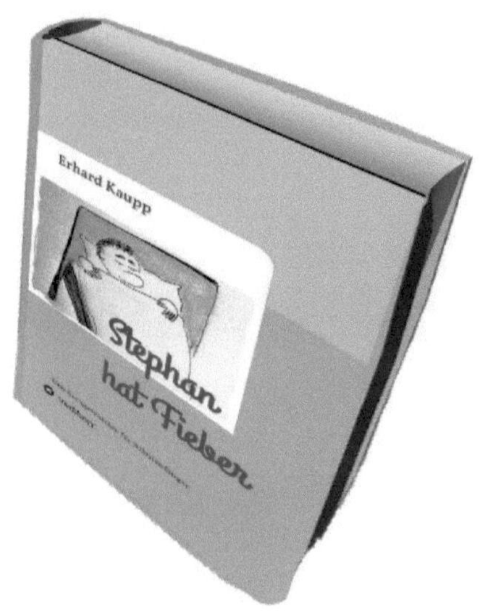

Eine heitere Kurzgeschichte nicht nur für Schulanfänger im praktischen Taschenbuchformat.

Erhältlich bei: Verlag tredition GmbH, Hamburg
www.tredition.de

ISBN
978-3-7345-1553-8   (Paperback)
978-3-7345-1554-5   (Hardcover)
978-3-7345-1555-2   (e-Book)

In gewöhnlicher, einfacher Umgangssprache alles gut durcheinander-
geschüttelt und in Reim-Form gefasst, ist es nicht ausgeschlossen,
dass sich der eine oder andere selber in einer der humorvollen Kurzgeschichten zu erkennen glaubt. Bei diesen Beobachtungen aus dem
Alltag.

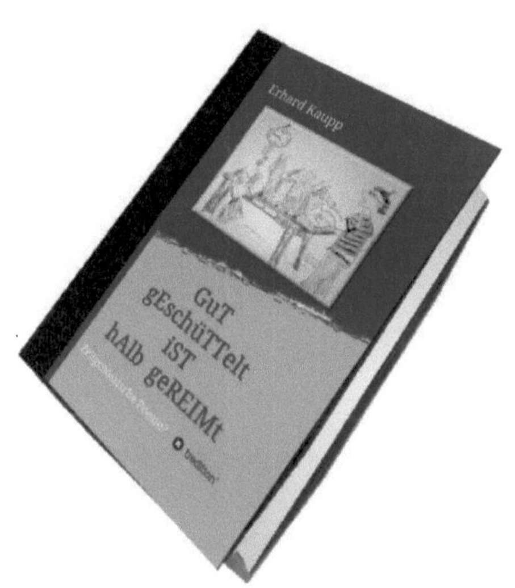

Ein simples Gedicht zum Geburtstag,
beinahe schon intime und persönli-
che Einblicke über ein Blind-Date,
das Verliebt sein und den Alltag ge-
nerell. Humorvoll und stets mit einem ordentlichen Schuss Selbstiro-
nie.

Erhältlich bei: Verlag tredition GmbH, Hamburg
www.tredition.de

ISBN
978-3-7345-0971-1 (Paperback)
978-3-7345-0972-8 (Hardcover)
978-3-7345-0980-3 (e-Book)